漫画地球环游记

丹麦 · 挪威 · 冰岛

✈ 詹森的维京之旅!

［韩］权奇旺 等著

［韩］吴金泽 绘

杨俊娟 译

中国科学技术出版社 科学普及出版社

· 北 京 ·

图书在版编目（CIP）数据

漫画地球环游记. 丹麦·挪威·冰岛 / (韩) 权奇旺
等著；(韩) 吴金泽绘；杨俊娟译. -- 北京：科学普
及出版社：中国科学技术出版社，2023.1
ISBN 978-7-110-10382-1

Ⅰ.①漫… Ⅱ.①权… ②吴… ③杨… Ⅲ.①丹麦－
概况－青少年读物②挪威－概况－青少年读物③冰岛－概
况－青少年读物 Ⅳ.①K91-49

中国版本图书馆CIP数据核字(2021)第250830号

Copyright © 2008, Kumsung Publishing Co., Ltd.
All Rights Reserved.
This Simplified Chinese edition was published by China Science
and Technology Press in 2023 by arrangement with Kumsung
Publishing Co., Ltd. through Arui SHIN Agency & Qiantaiyang
Cultural Development (Beijing) Co., Ltd..

著作权合同登记号：01-2022-4864

策划编辑	周少敏
责任编辑	白李娜
封面设计	翰墨漫童
版式设计	金彩恒通
责任校对	吕传新
责任印制	李晓霖

科学普及出版社　中国科学技术出版社出版
北京市海淀区中关村南大街16号　邮政编码：100081
电话：010-62173865　传真：010-62173081
http://www.cspbooks.com.cn
中国科学技术出版社有限公司发行部发行
鸿鹄（唐山）印务有限公司印刷
开本：710毫米×1000毫米　1/16　印张：8　字数：100千字
2023年1月第1版　2023年1月第1次印刷
ISBN 978-7-110-10382-1/K·201
印数：1—10000册　定价：29.80元

人人都有一个环游世界的梦

　　小时候，我们似乎都有过这样一个梦想：有朝一日可以环游世界！走遍国内外陌生的土地，看遍世界上美丽的风景，体验各种迥异的文化，品尝各地诱人的美食，结识异域可爱的朋友……这一切听起来都是那么的令人心驰神往。

　　这套融合了历史、地理、人文百科知识的"漫画地球环游记"，正是为梦想环游世界的小朋友准备的一份礼物。在书中，我们可以跟随主人公的脚步，踏上神奇的旅程。在书中，我们可以看到神秘的金字塔、金碧辉煌的凡尔赛宫、城光水色相得益彰的威尼斯；在书中，我们可以漫步异国，品尝新奇的街头美味，体验不一样的节庆氛围；在书中，我们可以了解奥林匹克运动的发展、著名城市的变迁、人类文明的兴衰……通过轻松有趣的阅读，小读者能够身临其境般地了解各国历史、名胜古迹，以及不同的生活方式。如果你也对世界充满好奇，拥有无畏的冒险精神，那么我会郑重向你推荐这套"漫画地球环游记"。

　　世界再大，也要出发；梦想再小，也要坚持。希望每一位"漫画地球环游记"的读者，都能看到更多，感受到更多，最终实现环游世界的梦！

有着环游世界梦想的编者

目录

7

丹麦

第一篇
丹麦概况

去丹麦旅行

在北欧的众多国家中，丹麦位于最南边，是北欧国土面积最小的国家（不包括格陵兰和法罗群岛）。

12

丹麦素有"童话王国"的美称，因为这里是著名的童话作家安徒生的故乡。安徒生留下了许多经典的作品，比如《海的女儿》《卖火柴的小女孩》《野天鹅》《丑小鸭》等，在全世界都家喻户晓。

很久以前，丹麦曾经是一个强大的国家，统治着北欧多个国家。虽然与其他国家相比，丹麦的国土狭小、资源匮乏，但丹麦克服了这些问题，成为一个农业大国，工业、通信、海运等产业也得到了迅猛发展，而且还建立了完善的社会福利制度，在整个欧洲都是数一数二的。

在日常生活中，丹麦人非常喜欢一种名为"Hygge"的生活方式，所谓 Hygge，简单地说，就是一种舒适和满足的感觉。而对到这里旅游的客人，丹麦人也总会表现出亲切热情的态度。

来丹麦的时候，请准备好长袖的衣服。

丹麦位于欧洲北部，斯堪的纳维亚半岛的南部，国土面积大约是 4.3 万平方千米，是一个很小的国家。丹麦由日德兰半岛和菲英岛、西兰岛、博恩霍尔姆岛等 400 多个大小岛屿组成，大部分国土都是平原，海拔高度几乎都不超过 100 米。

丹麦虽然是北欧国家，但气候却很温和，

属于温带海洋性气候，而且冬暖夏凉。因此，即使在夏天，最好也常备长袖的衣服。

丹麦是一个历史很悠久的欧洲国家，从 6 世纪左右，这里就已经开始形成部族社会，8—11 世纪是维京人的鼎盛时期。1397 年，女王玛格丽特一世建立卡尔马联盟，丹麦与挪威、瑞典组成联盟，成为北欧最强大的国家。但是到了 1523 年，卡尔马联盟解体，丹麦的全盛期也宣告结束。之后，从 17 世纪开始逐渐走向衰退，19 世纪丹麦废除了君主专制，改为君主立宪制。第二次世界大战结束以后，丹麦成为北大西洋公约组织的创始国之一，1973 年加入欧洲共同体，1993 年加入联合国。

要想完成任务，是不是要走遍丹麦的每一个角落呢？

端着冷食自助餐和三明治的维京人

丹麦的正式国名是丹麦王国，是一个以议会民主制为基础的君主立宪制国家。丹麦的国家元首是国王，但是实际的政治权力掌握在总理手中。现在的丹麦国王是 1972 年即位的玛格丽特二世女王。

丹麦是一个发达的农业国家，当地人喜欢黄油、奶酪等有机产品和各种肉类、海鲜。丹麦著名的冷食自助餐就包括海鲜、肉类、鸡蛋、奶酪等菜品，每个人可以任意地选择搭配。日常生活中，三明治也是一种很受欢迎的美食。丹麦生产的嘉士伯啤酒更是享誉世界。

丹麦全国设 5 个大区，首都是哥本哈根。截至 2022 年 6 月，丹麦的人口约有 588 万，大多属于欧罗巴人种的北欧类型，身材高大，金发碧眼。宗教方面，在维京时代，丹麦有很多宗教，到了 9 世纪，基督教传入。在 1936 年，基督教路德宗被确定为丹麦国教，大约有 87% 的丹麦人信仰基督教路德宗。丹麦的官方语言是丹麦语，但丹麦人从小就接受英语教育，因此大部分都会说英语。

　　位于哥本哈根的哥本哈根国际机场距离市区大约 10 千米，从机场到市区可以乘坐地铁或公共汽车，非常方便。

阿美琳堡王宫

在丹麦，圣诞节是最重要的节日。在哥本哈根，每年 11 月的第三个星期四，市政厅前的广场上都会举行一项特别的活动，就是圣诞树亮灯仪式，这也预示着圣诞季的开始。对于丹麦人来说，圣诞礼物有着极为特别的含义。在丹麦，11 月末的时候，家人和朋友们就会列出礼物清单。孩子们更是从 12 月 1 日到 24 日，每天都会收到精致的小礼物。

蒂沃利公园

罗森堡宫

丹麦的主要城市

哥本哈根

　　作为首都的哥本哈根是丹麦最大的城市，也是丹麦政治、经济和文化的中心。哥本哈根位于丹麦西兰岛的东部，一直以来都是进入北欧的必经之地。在丹麦语中，哥本哈根叫作

阿美琳堡王宫

"København"，意思是"商人的港口"。很久以前，作为水路交通要地的哥本哈根就因为其重要的地理位置而备受瞩目。

　　哥本哈根的城市街道干净整洁，到处都是充满历史感的文化遗产和美丽建筑，尤其是各种宫殿与城堡。哥本哈根环境优美，有许多绿地，是欧洲著名的绿色生态城市。17世纪，被誉为"建筑国王"的克里斯蒂安四世在哥本哈根建造了许多宏大的建筑，并一直保留至今。在哥本哈根，几乎看不到现代化的高层建筑，因为这里规定，任何建筑的高度不得超过市政厅大厦。

　　在哥本哈根的海边有一座著名的雕像，就是安徒生童话中的小美人鱼。几乎每一位来到哥本哈根的游客，都会到这里来参观。此外，展示王室藏品的罗森堡宫、女王与王室成员居住的阿美琳堡王宫、安徒生曾经居住的新港地区以及拥有各种娱乐设施和餐厅的蒂沃利公园，都是来哥本哈根旅行一定要去的地方。

欧登塞

　　欧登塞被称为"丹麦的花园"，也是著名童话作家安徒生的故乡，那些承载着安徒生童年记忆的建筑依然完好地保存着。这里童话气息浓郁，是全世界最幸福的城市之一。欧登塞是一个美丽而迷人的城市，道路两旁有一座座红墙红瓦高屋顶的房子，房子的阳台上是一簇簇艳丽开放的鲜花，安静而祥和，让人仿佛置身于童话世界。

安徒生博物馆

中世纪的欧登塞是一座发达的工商业城市，也是宗教的中心地区。现在的欧登塞则更多是因为安徒生而被世人所熟知。欧登塞完好地保存了这位著名作家的一切痕迹，有安徒生出生成长的故居，有安徒生博物馆，甚至还有安徒生妈妈当年洗衣服的小溪。在欧登塞的郊外，有一座被誉为"欧洲最美城堡"的伊埃斯科城堡，欢迎着每一个来寻找梦幻童话的人。

奥胡斯

　　奥胡斯是丹麦第二大城市，被称为"丹麦的文化首都"。如同这座城市的标语上所写——"世界上最小的大都市"——奥胡斯实际规模很小，但却具备完善的城市功能，人们在这里可以享受到大都市的文化生活。

　　作为一座文化之都，奥胡斯居住着很多艺术家，街道上随处可见各种各样的小画廊。而且，每年8—9月，这里还有许多节日庆祝活动，所以这也是访问奥胡斯的最佳时间。

　　奥胡斯不可错过的景点有奥胡斯大教堂和莫斯格史前博物馆等。

奥胡斯大教堂

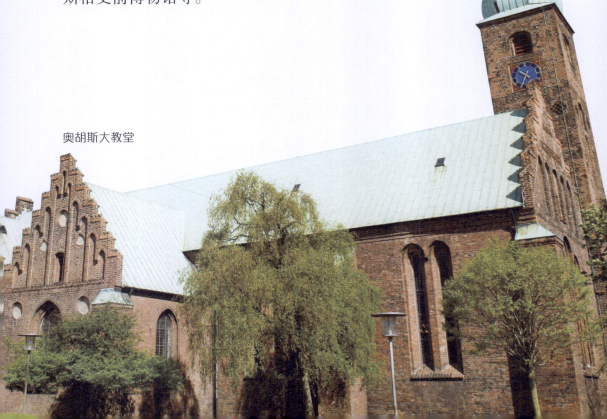

安徒生的故乡，体操的王国——丹麦

"童话大王"安徒生

　　丹麦被称为"童话王国"，不仅因为这里是伟大的童话作家安徒生出生的地方，而且他的大量经典作品也都是在这里诞生的。1805 年，汉斯·克里斯蒂安·安徒生出生于欧登塞一个贫穷的鞋匠家庭，父亲经常给喜欢看书的安徒生阅读《天方夜谭》等名著。少年时代的安徒生曾经想要成为一名演员，但后来还是放弃了，走上了剧作家的道路。但让他声名鹊起的并不是剧本，而是他利用空闲时间创作的童话。《卖火柴的小女孩》《丑小鸭》《拇指姑娘》《海的女儿》等经典作品的问世，让安徒生的名字传遍了欧洲，乃至全世界。

安徒生终生未婚，也并没有在某一个地方定居，而是通过旅行结交各种朋友，过着自由奔放的生活。1875 年 8 月，安徒生病逝，丹麦举国哀悼，国王与王后也出席了葬礼，为他的离世而悲伤不已。

体操的王国

丹麦人不惧怕寒冷，而在对抗寒冷的诸多方法中，丹麦人有一个秘诀，就是体操。在丹麦，体操非常普及，甚至有"生活就是体操"的说法。

1864 年，丹麦在与普鲁士的战争中失败，整个国家都陷入了严重的挫败感中。为了让国民重拾信心，恢复勇气，丹麦开始开发体操项目。1920 年，体操改革家尼尔斯·布克创建了属于丹麦自己的体操体系。从那时开始，体操进入了每一个丹麦人的生活。而这种良好的运动习惯，也让丹麦人能够战胜寒冷，充满活力。

哈哈，我的宝贝维京人帽子。

我们丹麦人都是维京人的后裔。所以我的爱好就是收集维京人帽子！

收集维京人帽子干什么？

就是啊。

因为它代表着维京人的力量！

我的祖先就是维京人。他们是一群乘着大船，在海上冒险的人。

随着维京人人口增加，他们的土地资源开始不够用了，再加上天气寒冷，所以开始了迁徙。

嗯，所以呢？

维京人放弃了寒冷贫瘠的家园，去寻找温暖肥沃的土地，于是就征服了北欧的许多地方。

他们可不是单纯地只会掠夺，还很喜欢探险，而且发展了贸易。所以，现在我也要去探险。

嘿嘿！

第二篇
生活在丹麦

大家好，我叫玛格丽特。

我住在丹麦的哥本哈根。

如果你们来丹麦，一定会这样说：

"好冷啊，这里的空气好像都和别处不一样！"

但是，你们知道吗？

丹麦的孩子可不怕冷，当然这是有秘诀的！

因为丹麦的妈妈们，无论夏天还是冬天，也无论刮风还是下雨，都会带孩子到户外去。

幼儿园的孩子，即使冬天也会经常在院子里玩耍，不管天气多冷，孩子们都会在外面呼吸新鲜的空气。

或许是因为从小就不惧怕寒冷，所以在长大后才能拥有健康的身体。

在与寒冷的对抗中长大的孩子们，到 7 岁的时候就可以上学了。

丹麦的教育制度多少有些复杂。

关于公共教育，简单地说，就是完成了从一年级到九年级的学业后，可以在寄宿中学学习一年，也可以直接上高中。

丹麦的高中分为两种，一种是备考大学，还有一种是职业教育。

另外，丹麦的课程大部分也以讨论和演讲为主，教室里经常会连书本和铅笔都看不到。

丹麦的教室里摆放的也是普通的桌椅，而不是常见的书桌。

学生可以随意地坐在椅子上交流看法，对课程内容进行讨论。

现在，你对丹麦的教育有所了解了吧？

办公室

现在，让我们去城里逛逛吧。

丹麦有很多非常漂亮的公园。

令人惊奇的是，其中有些竟然是墓地。

丹麦的墓地，并不会让人觉得可怕和孤独，反而非常安静祥和，是适合休息的地方。

著名的童话作家安徒生的墓地，也被布置得美丽而安详。

怎么样，你是不是觉得丹麦这个国家更加有魅力了？

啊，到了该告别的时候了。

Farval（帕拜尔）：再见！

第三篇
与丹麦有关的
一切

漫画地球
环游记

丹麦的历史

维京时代 ● 6—10世纪

6—10世纪，维京人就已经在以日德兰半岛为中心的地区定居，并建立了原始国家。他们的活动范围包括现在的瑞典南部、英国东部及地中海地区等。

维京时代的耶灵石

建立埃斯特德王朝 ● 1047年

斯韦恩二世建立了丹麦最早的王朝——埃斯特德王朝，并开始强化王权，为日后的统治奠定了基础。

● 6—10世纪
维京时代

● 1047年
建立埃斯特德王朝

1523年
瑞典脱离丹麦，
宣布独立

| 500年 | 1100年 | 1200年 | 1300年 | 1400年 | 1500年 |

1397年
卡尔马联盟

卡尔马联盟 ● 1397年

丹麦女王玛格丽特一世联合瑞典、挪威的贵族，将三个国家组成联盟。1397年7月13日，三个国家在瑞典的港口城市卡尔马签订盟约，这一联盟持续了120余年。

瑞典脱离丹麦，宣布独立 ● 1523年

克里斯蒂安二世掌握了强大的权力，希望在北欧建立统一的国家。因此，他在1520—1521年镇压了所有反对自己的势力。但是，他的这种暴政反而将民心和舆论推向了反对势力。在经历了强烈的抵抗与斗争之后，克里斯蒂安二世的丹麦军队战败，瑞典获得独立。

将挪威割让给瑞典 ● 1814年

拿破仑战争时期，丹麦一直与法国结盟对抗英国。战争失败后，丹麦被迫签订了《基尔条约》，将挪威割让给瑞典。此外，丹麦还将黑尔戈兰岛割让给英国，只留下了冰岛、格陵兰和法罗群岛。

在石勒苏益格－荷尔斯泰因战争中失败 ● 1864年

丹麦想将石勒苏益格和荷尔斯泰因两个公国并入丹麦，但是遭

● 1814年
将挪威割让给瑞典

● 1944年
冰岛脱离丹麦，
宣布独立

| 1600年 | 1700年 | 1800年 | 1900年 | 2000年 | 2100年 |

● 1864年
在石勒苏益格—荷尔
斯泰因战争中失败

● 2009年
格陵兰自治

到了当地日耳曼居民的反对，普鲁士与奥地利趁机对丹麦发动战争。最终丹麦战败，并放弃了相当于国土面积1/3的这两个地区的权利。

石勒苏益格—荷尔斯泰因战争

冰岛脱离丹麦，宣布独立 ● 1944年

第二次世界大战期间，德国不顾丹麦与挪威的中立立场，依然进攻了这两个国家。1940年，英国占领了战略位置极为重要的冰岛，之后，1941年美国军队在冰岛登陆。在这之前，冰岛一直受到丹麦国王的统治，被英国与美国占领后，冰岛与丹麦的关系也被切断。1944年，冰岛共和国宣布成立。

格陵兰自治 ● 2009年

1380年以后，格陵兰一直在丹麦、挪威的共同管辖之下。1953年，丹麦再度修改宪法，格陵兰成为丹麦的一个州。2009年6月21日，格陵兰脱离丹麦，正式自治。

丹麦的名人

阿布萨隆 ● 1128—1201年

　　阿布萨隆大主教被称为丹麦的国父。他率领军队平定内忧外患，重建了丹麦。历史学家萨克索·格拉玛提库斯将他的功绩撰写并流传下来。

萨克索·格拉玛提库斯 ● 1150—1220年

　　萨克索是丹麦的历史学家，也是阿布萨隆大主教的助手。在阿布萨隆的授意下，他撰写了《丹麦人的业绩》一书，内容是从神话时代开始，一直到萨克索生活的年代的丹麦历史，包含了很多古代北欧的神话与传说。

第谷·布拉赫 ● 1546—1601年

第谷是丹麦的天文学家和占星学家，懂得如何用肉眼观测星星。1572年，他发现了仙后座中的一颗新星；1577年，他观测到彗星，并通过观察得出了彗星比月球远许多倍的结论。在所有用肉眼观测星象的天文学家中，第谷的记录相对更加准确，也对后世产生了极大的影响。

汉斯·克里斯蒂安·安徒生 ● 1805—1875年

安徒生出生于欧登塞，是著名的童话作家。他从小家境贫寒，曾经想要成为演员和剧作家。长篇小说《即兴诗人》为他赢得了国际声誉。他的童话作品包括《海的女儿》《丑小鸭》《卖火柴的小女孩》等，在世界各地出版发行，得到了无数孩子的喜爱。

索伦·克尔凯郭尔 ● 1813—1855年

克尔凯郭尔是现代存在主义哲学的先驱者，他出生于丹麦的哥本哈根，曾经在哥本哈根大学攻读神学，但却更关注文学与哲学，并投入了许多心血。克尔凯郭尔的作品包括《非此即彼》《恐惧与战栗》《重复》等。在当时，他的存在主义哲学思想并没有得到过多的关注，但他的思想对于后来存在主义的发展产生了重要的影响。

尼尔斯·玻尔 ● 1885—1962年

　　玻尔是丹麦著名的物理学家，曾经担任哥本哈根大学的物理学教授。1922年，因对研究原子的结构和原子的辐射所做的重大贡献而获得诺贝尔物理学奖。

凯伦·布里克森 ● 1885—1962年

　　凯伦·布里克森是丹麦著名女作家。她根据婚后在肯尼亚的生活撰写了《走出非洲》一书，获得了巨大的成功。《走出非洲》还被拍摄成电影。凯伦·布里克森于1954年和1957年两次获得诺贝尔文学奖提名。

奥勒·科尔克·克里斯第森 ● 1891—1958年

　　克里斯第森是丹麦的一个木匠，也是著名的乐高积木的创始人。最初，他用一些木材的边角料做成玩具给自己的孩子玩，不料受到了村里很多孩子的喜爱，于是开始正式经营这项事业。"乐高"一词来自丹麦语"LEg GOdt"，意思是"玩得快乐"。

著名的旅游胜地和文化遗产

安徒生故居（欧登塞）

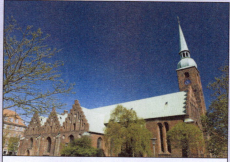

奥胡斯大教堂（奥胡斯）

罗森堡宫（哥本哈根）

40

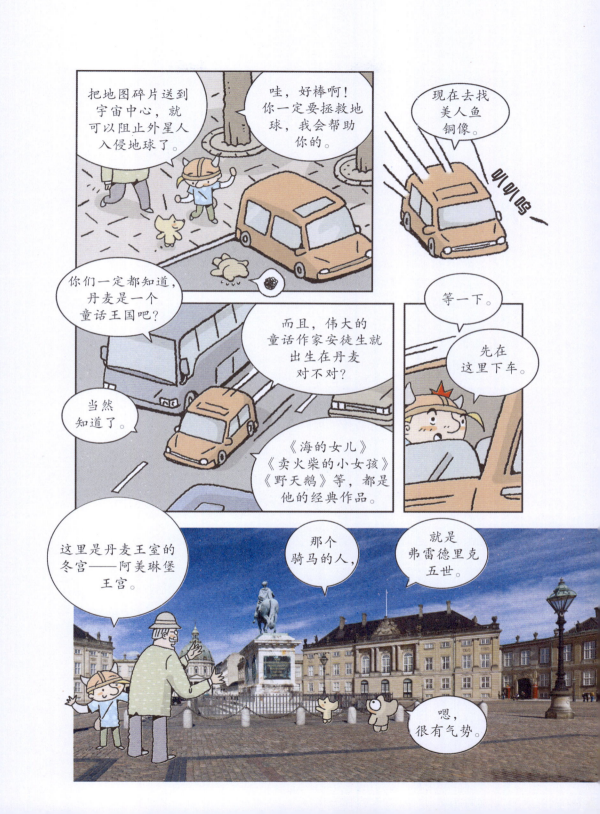

不是要去看小美人鱼铜像吗，为什么来这里？

从这里走过去就可以，距离很近。

这就是著名的小美人鱼铜像。

哇！

怎么这么小？

它可是经受过很多磨难的……

不过……

她还是很美对不对？

哈哈，没关系。

那里是用大理石建成的弗雷德里克教堂。

啊，下来！

通过里面的楼梯，就可以到达顶部了。

48

51

与丹麦 有关的18件事

蒂沃利公园

01 丹麦国旗是现今世界各国正在使用的所有国旗中最古老的，红色的底色加上一个白色的十字架。

02 格陵兰曾经是挪威的土地，1953 年被并入丹麦。

03 丹麦的岛屿中，有人居住的只占全部的 1/5。

04 丹麦是传统的农业国，同时也是发达的工业国。

05 丹麦的所有国民能享受到几乎同等的福利制度，与收入和家庭无关。

06 安徒生曾经说过一句很著名的话："每个人的人生，都是上帝亲手写下的童话。"

07 丹麦的货币是丹麦克朗。

08 拼装玩具乐高是丹麦的木匠克里斯第森先生于 1932 年发明的。

09 乐高集团总部所在的小镇比隆有一座乐高乐园，里面有用乐高积木搭建的微缩世界建筑。

10 哥本哈根的小美人鱼铜像是雕塑家爱德华·艾瑞克森于 1913 年完成的作品，是以他的夫人为模特创作而成的。

11 丹麦是一个自行车王国，大部分的学生都是骑自行车上学。

12 格陵兰是一个巨大的岛屿，面积相当于丹麦本土的 50 倍。

13 著名的嘉士伯啤酒工厂里有一座啤酒博物馆，展示着世界各国的啤酒。

14 哥本哈根的蒂沃利公园，是丹麦著名的游乐园，是由丹麦王室的花园改建而成的。

15 丹麦生产的皇家哥本哈根瓷器是驰名世界的优质产品。

16 丹麦是一个教育水平很高的国家，文盲率低于 1%。

17 丹麦物理学家尼尔斯·玻尔因为原子理论获得了 1922 年的诺贝尔物理学奖。

18 丹麦、挪威、瑞典人在一起的时候，即使各自说自己国家的语言，也能互相听懂，三个国家的语言十分相似。

皇家哥本哈根瓷器

挪威

第一篇
挪威概况

去挪威旅行

挪威位于斯堪的纳维亚半岛西部，拥有迷人的自然风光，是一个可以随时走进大自然的国家。

挪威最有代表性的景观就是峡湾。由于冰川的侵蚀作用，在峭壁之间形成山谷，海水流入就成了狭长的峡湾。

挪威是南北狭长的山国，国土面积大约 38.5 万平方千米。挪威国土的 90% 都是山区，由西海岸向东延伸，形成了许多峡湾。挪威的气候跨度很大，南部海岸比较温暖，而北边的北极圈地区则非常寒冷。北极圈地区夏天会出现太阳 24 小时不落的极昼，冬天则会出现一直被黑暗笼罩的极夜。

要想在挪威完成任务还真是有些担心呢，不管了，马上出发去寻找北极光！

北欧许多国家的人民都是维京人的后代，挪威则是其中维京人最活跃的国家。因为土地不足，天气寒冷，所以维京人乘坐龙船横渡海洋。

因此，挪威的渔业和海运业都非常发达，从 20 世纪 70 年代开始，挪威在北海发现了原油和天然气，经济也迅速发展起来。现在的挪威，位列国民收入最高的富裕国家之一，拥有完善的社会福利制度。

挪威的自然环境非常寒冷，但挪威人的性格却是冷静而温暖，并且富有浪漫气息的。爱德华·格里格是挪威著名的作曲家，创作了许多浪漫抒情的作品，感动了无数人。去挪威旅行，可以饱览大自然的美丽风光，可以参观各式各样的城市与村庄，还会感受到当地人的温暖与热情。

8 世纪以后，维京人的势力日趋强大。在此基础上，到了 11 世纪，挪威已经发展成为一个海上强国，势力范围扩展到了意大利南部。但是从那之后，挪威的国力开始逐渐衰落。1397 年，按照卡尔马联盟约定，挪威被并入丹麦组建联合王国。一直到 19 世纪初，一直都处于丹麦的统治之下。第二次世界大战的时候，挪威也遭到了纳粹德国的侵略。但后来随着水产和造船等产业的兴起，挪威逐渐成为北欧最富裕的国家之一。

挪威的正式国名是挪威王国，是一个君主立宪制国家。国家元首是国王，而实际的政治权力则掌握在国家委员会手中。现在的国王是 1991 年即位的哈拉尔五世。挪威整个国家由 1 市 18 个郡组成，首都是奥斯陆。

截至 2021 年底，挪威的人口约为 542.5 万，约 90% 的居民

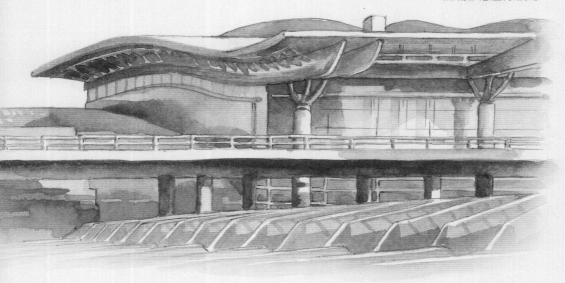

加勒穆恩国际机场

信仰基督教路德宗。

位于挪威首都奥斯陆的加勒穆恩国际机场距离市区大约 50 千米，虽然有些远，但是有高速铁路和直达巴士，还是非常方便的。

挪威的饮食与北欧其他国家有很多共同点，但也略有差异。挪威人最喜欢的食物是香肠，还有各种海鲜等。

挪威的主要城市

奥斯陆

　　首都奥斯陆是挪威最大的港口城市，也是挪威经济、政治、文化的中心。奥斯陆位于峡湾北端的山丘上，虽然是首都，但城市规模并不大，是一个安静祥和、环境优美的地方。

　　奥斯陆于1299年成为挪威的首都，在被丹麦统治时期，这里叫作"克里斯蒂安

奥斯陆市政厅

尼亚"。14—15 世纪的时候，北欧沿海的多个商业城市为了维护自身的贸易垄断而结成汉萨同盟，奥斯陆也是其中的一员，并逐渐积累财富，发展至今。

　　奥斯陆是一个文化和艺术都很发达的城市，有很多博物馆和文化设施。例如以一部《玩偶之家》而扬名世界的剧作家亨利克·易卜生的博物馆，挪威的代表画家爱德华·蒙克的博物馆，还有维京船舶博物馆、挪威民俗博物馆等。此外，奥斯陆市政厅每年 12 月都会举行诺贝尔和平奖的颁奖典礼，受到全世界的瞩目。

挪威民俗博物馆的小木屋

布吕根的景色

卑尔根

　　卑尔根位于挪威西南部的海边，是挪威第二大城市，在奥斯陆成为首都之前，这里一直是挪威的首都。13—15世纪，这里作为汉萨同盟的中心城市，日渐繁荣。

　　今天的卑尔根已经成为欧洲最美丽的港口城市之一，有很多旅游景点吸引着来自全世界的游客。另外，卑尔根还被评选为世界最宜居城市之一。

　　卑尔根最著名的景点要算市中心以西3千米、码头沿岸的"木头小镇"布吕根，那里很好地保留了原有的中世纪风格，不仅有美丽的景色，还有极大的历史价值。联合国教科文组织已经将这里列为世界文化遗产。

维京人与北极光的
国度——挪威

维京人

　　维京人，指的是从 8 世纪开始到 12 世纪，从北欧穿过大海侵入欧洲和俄罗斯各地的北日耳曼人。据推测，维京人之所以来到南方，是因为他们生活的地方寒冷而荒凉，必须要寻找一片温暖肥沃的土地。

　　维京人的老家是挪威、瑞典和丹麦。丹麦和挪威的维京人主要在西欧活动，而瑞典的维京人则在东欧活动。据推测，挪威的维京人很早以前就移居到苏格兰北部，并将冰岛拓展为自己的殖民地。后来到了 10 世纪，维京人的足迹还到达了美洲大陆。如果这一切都是真的，那么维京人要比哥伦布更早发现了美洲大陆。

一说到维京人，很多人的脑海中可能都会浮现出维京人驾驶龙船，高擎战斧，大肆掠夺的样子。其实，除了作为海盗，维京人的民族迁徙，以及由此产生的战争、探险、殖民、贸易等，都对中世纪的欧洲产生了巨大的影响。

战斗中的维京人

耀眼的北极光

在挪威，如果运气好，就可以在晴朗的天空中欣赏到大自然神秘而壮观的表演，那就是北极光。这是太阳的高能带电粒子流与地球的高层大气分子或原子激发或电离而产生的一种光学现象。

极光是大自然的天文奇观，它没有固定的形态，颜色也不尽相同，以绿、白、黄、蓝居多，偶尔也会呈现艳丽的红紫色，曼妙多姿又神秘难测。

挪威人认为，北极光是上天赐予的礼物。而想要欣赏北极光并不是一件容易的事，需要足够的耐心。只有在严寒的秋冬夜晚，高纬度的地区，才有机会目睹极光的发生。在漆黑寒冷的夜晚，北极光最容易出现，所以北极光的最佳观赏时段是每年11月至次年2月，晚上10点到凌晨2点，有时北极光可以持续1小时左右。

夜空中的北极光

第二篇
生活在挪威

大家好，我是西尔德。

我住在挪威的奥斯陆。

今天我要和朋友们一起去滑雪。

哇，快看那些孩子。

就好像专业的滑雪运动员一样！

有人说，挪威的孩子都是踩着滑雪板出生的。

其实是因为，这里的孩子从会走路就开始学习滑雪了。

在挪威，一年中有一大半的时间都是白雪皑皑的冬天。

如果来挪威的话，要想不受冻，就得学会暖气的使用方法。

挪威的暖气有两个开关按钮，上面分别画着太阳和月亮。

一定要记住，月亮按钮代表的是关闭暖气。

如果夜里打开月亮开关，然后去睡觉，你可能会被冻成冰块。

太阳按钮代表
打开暖气。

月亮按钮代表
关闭暖气。

挪威国土南北狭长，每个地区都有自己的方言。

不过，英语是现在使用最广泛的国际语言，因此，除挪威语作为官方语言外，挪威也特别重视英语教育。

挪威的义务教育阶段为6—15岁，一共10年。其中小学7年，中学3年。

之后，学生可以选择职业学习，或是备考大学。

挪威的教育普及率几乎达到了100%，只要愿意，每个人都可以接受教育，是名副其实的教育先进国家。

对了，你们有过夜里 11 点爬山的经历吗？

凌晨 1 点散步呢？

你是不是觉得我在说傻话？

我可不是开玩笑，在挪威，这一切都是有可能的。

原因就是白夜现象。

所谓白夜，就是位于中高纬度，但在极圈外的地区，太阳落到地平线下只能达到一个很小的角度，由于大气的散射作用，整夜天并不完全黑下来的现象。

相反，冬天的时候，也会有一天大部分时间都是黑夜，太阳只在白天升起来一小会儿的时候。

每次出现这种白夜现象的时候，挪威的时间概念就会变得不那么清晰。

因为没有了白天和夜晚的明显区别，觉得困了，仿佛随时都可以睡一会儿。

如果不随时看表的话，恐怕连上学都会迟到，因为根本不知道现在到底是白天还是夜晚。

第三篇
与挪威有关的一切

漫画地球环游记

挪威的历史

维京时代 ● 9—10世纪

大约9世纪，挪威地区的维京人登上了历史的舞台。根据希腊的记载，这是一个"居住在森林里，喜欢唱歌跳舞的快乐的民族"。因为田地不足，维京人不得不乘船到处寻找食物和新的生存空间。

卡尔马联盟 ● 1397年

1387年，黑死病在挪威蔓延，挪威不得不接受丹麦的统治。挪威国王哈康六世迎娶了丹麦国王的女儿玛格丽特。1397年，丹麦、瑞典和挪威结成联盟。丹麦国王同时也成为挪威和瑞典的国王，到了1523年，瑞典宣布独立，卡尔马联盟解体。

《基尔条约》 ● 1814年

拿破仑战争时期，丹麦一直是法国的同盟者，所以在拿破仑战败之后，根据 1814 年签订的《基尔条约》，丹麦将挪威割让给了瑞典。挪威受到瑞典国王卡尔十四世的统治，并制定了新的宪法。

脱离瑞典，宣布独立 ● 1905年

挪威的独立因为 1814 年的《基尔条约》而受挫，但挪威并没有停止对独立的争取。19 世纪 90 年代，挪威独立的意愿越发强烈，与瑞典的关系也开始恶化。1905 年，两国矛盾加深，摩擦不断。最终，两国代表在瑞典的卡尔斯塔德举行和谈，瑞典承认了挪威的独立。

加入联合国 ● 1945年

挪威是联合国的创始国之一，第一任联合国秘书长就是挪威的外交部部长。现在，挪威依然是对联合国贡献最大的国家之一。

1945年
加入联合国

1949年
加入北大西洋公约组织

1994年
公投否决加入欧盟

1800年　　　　　1900年　　　　　2000年

1814年
《基尔条约》

1905年
脱离瑞典，宣布独立

2013年
推行女性义务兵役

加入北大西洋公约组织 ● 1949年

第二次世界大战以后，美国和苏联的冷战形势加剧，西欧多个国家与美国签订《北大西洋公约》，缔结了军事同盟。挪威也改变中立的立场，加入了北大西洋公约组织。

公投否决加入欧盟 ● 1994年

1992年12月，挪威政府申请加入欧盟，但在1994年11月举行的全民公投中，却有52.5%的公民投了反对票，因而未能加入。一直到现在，挪威依然保持中立，反对使用欧元。

反对加入欧盟的示威活动

推行女性义务兵役 ● 2013年

在欧洲国家中，挪威是男女平等做得最好的国家之一，也是欧洲国家中最早推行女性义务兵役制的国家。从1976年开始，挪威就允许女性参军，部队中女性所占比例大约是10%。

79

挪威的名人

亨利克·易卜生 ● 1828—1906年

  易卜生是欧洲近代现实主义戏剧的创始人，他的作品对于文学界也产生了深远的影响。易卜生是一个优秀的剧作家，"一年365天一天都不休息，到处都在上演他的戏剧"。易卜生创作的《玩偶之家》，尖锐地讽刺了当时社会对于女性的偏见。

爱德华·格里格 ● 1843—1907年

  格里格是挪威民族乐派的代表人物，他的作品充满了浓厚的民族特色和乡土气息。格里格从小跟随母亲学习钢琴，后来进入音乐学院学习作曲和钢琴。我们耳熟能详的《索尔维格之歌》就是格里格为易卜生的诗剧《培尔·金特》创作的配乐的一部分。

爱德华·蒙克 ● 1863—1944年

蒙克是著名的表现主义画家、版画复制匠，也是现代表现主义绘画的先驱。蒙克的一生充满了悲苦与不幸，他的作品也带有强烈的主观性和悲伤压抑的情绪。他最著名的作品《呐喊》，将人类极端的孤独和苦闷，以及那种在无垠宇宙面前的恐惧之情，表现得淋漓尽致。

弗里德持乔夫·南森 ● 1861—1930年

南森是北极探险的先驱者，1888年他从东向西横穿格陵兰，1893年乘坐亲手设计的"弗雷姆"号到北极探险。南森被视为挪威的英雄，同时他还是一位国际政治家，为解决难民问题做出了卓越贡献，1922年获得了诺贝尔和平奖。

格罗·哈莱姆·布伦特兰 ● 1939年—

布伦特兰是挪威第一位女首相。她于1981年出任首相，对于儿童健康和疾病预防工作都做出了重要的贡献。1998年布伦特兰拒任世界卫生组织总干事。另外，她还在联合国代表大会上发表了《我们共同的未来》工作报告，提出了可持续发展的概念，这份报告也被命名为《布伦特兰报告》。

著名的旅游胜地和文化遗产

奥斯陆市政厅（奥斯陆）

奥斯陆王宫（奥斯陆）

85

87

参观完了？

是的！

那我再带你们去个更好玩的地方好不好？

耶

太好了！

真的？好啊！

哼。

嘿嘿嘿，可爱的小家伙们，也太好骗了，老大一定会很高兴的。

那我们去个能看到松恩峡湾的地方吧。

啊，不要，还有很多比那儿更好的地方。

哪儿？

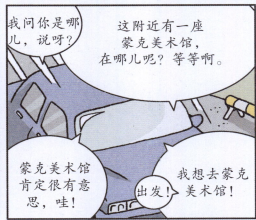

我问你是哪儿，说呀？

这附近有一座蒙克美术馆，在哪儿呢？等等啊。

蒙克美术馆肯定很有意思，哇！

出发！

我想去蒙克美术馆！

呃，就是这个！

蒙克美术馆是为了纪念挪威伟大的画家蒙克百年诞辰而修建的。

MUNCH

不能再这样下去了。我必须马上带他们到我们的据点附近。

孩子们，我们去挪威民俗博物馆好不好？

好啊，听说那里的木造教堂特别美。

好，我倒要看看你动什么歪脑筋！

我不是这个意思啊。

怎么会变成这样？呜呜，我怎么这么倒霉！

从现在开始我不会再照顾你们了！

要是不听话，我就不客气了……

这里就是挪威民俗博物馆。这里的木造建筑都是从挪威各地迁移过来的。

好漂亮的小木屋啊！

真漂亮！

95

与挪威
有关的16件事

挪威最具代表性的运动项目——滑雪

01 挪威的国旗是在丹麦国旗的白色十字上又添加了一个蓝色十字。

02 挪威的海岸线长达 2 万多千米。

03 从挪威北端的诺尔辰角到挪威南端的林德斯内斯角，直线距离大约是 1750 千米。

04 位于挪威西海岸的松恩峡湾长约 204 千米，是全世界最长的峡湾。

05 挪威全部国土的 90% 都是山地，30% 位于北极圈之内。

06 位于挪威特罗姆瑟的特罗姆瑟大学是世界上地理位置最北的大学。

07 挪威是最早举办滑雪比赛的国家。

08 挪威极地探险家罗阿尔德·阿蒙森于 1911 年成为第一个到达南极点的人。

09 挪威的国土呈狭长的形态，最窄的地方不足 6.3 千米。

10 挪威最北部的地区，每年从 5 月开始，一直到 7 月，大约有 70 天的时间太阳都不会落下，出现极昼现象。

11 每年 5—6 月，卑尔根都会举办卑尔根国际音乐节。

12 挪威剧作家亨利克·易卜生被誉为"现代戏剧之父"，代表作是《玩偶之家》。

13 挪威民族音乐家爱德华·格里格以易卜生的作品为基础，于 1876 年创作了《培尔·金特》组曲。

格里格的铜像

14 爱德华·蒙克是挪威著名画家，现代表现主义绘画的先驱者。

15 1994 年，挪威的利勒哈默尔举办了第十七届冬季奥运会。

16 挪威的渔业非常发达，尤其盛产三文鱼和鲱鱼。

一艘正在捕鱼的挪威渔船

冰岛

第一篇
冰岛概况

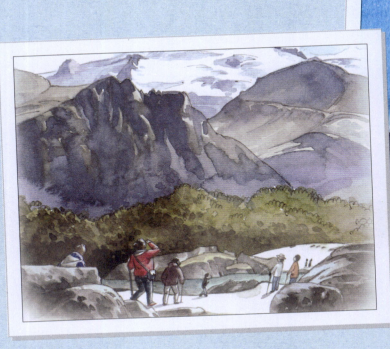

去冰岛旅行

　　冰岛位于大西洋和北冰洋的交汇处，是一个多火山、地质活动频繁的岛国，有着独一无二的自然风光和历史文化。

大约 8 世纪的时候，爱尔兰的一位神父发现了冰岛。后来，北欧人移居到这里并建立了国家。13 世纪以后，冰岛受到挪威的统治，14 世纪开始被丹麦统治，1944 年才完全独立。冰岛是一个海洋渔业非常发达的国家，近年来信息技术产业也取得了长足的进步。虽然冰岛是欧洲收入很高的发达国家之一，但是 2008 年的国际金融危机也让整个国家的经济遭到了重创。历史上，冰岛的政治与文化一直都很发达。从 930 年开始，冰岛就诞生了世界上最早的议会。现在，冰岛是著名的出版大国，人均著书、出版及购书量都是世界第一。

　　冰岛的面积是 10.3 万平方千米，大部分国土都被火山和冰原所占据。冰岛有 200 多座火山，其中 30 多座是活火山。正是因为这些活火山，在冰岛到处都可以看到喷涌着热水的间歇泉——这让冰岛成为世界上地热资源最丰富的国家。冰岛人也有效地利用这些地热资源为城市供暖。

　　冰岛的正式国名

雷克雅未克造型独特的哈尔格林姆斯教堂

是冰岛共和国，国家元首是总统。首都是雷克雅未克，行政区划按选区划分为6个。截至2022年7月，冰岛人口约为37.6万，官方语言是冰岛语。但是冰岛人的英语都很好，用英语沟通是没有任何问题的。大部分国民都信仰基督教路德宗。

从中国到冰岛还没有直飞的航班，如果想去冰岛，必须要从欧洲的其他城市中转。冰岛与中国的时差是8小时。

冰岛的主要城市

雷克雅未克

　　首都雷克雅未克位于冰岛西南海岸，处于北纬 64° 的位置，是全世界最北端的首都。大约从 9 世纪开始，雷克雅未克就已经有斯堪的纳维亚人居住，并逐渐繁荣起来。

　　1944 年，雷克雅未克被确定为冰岛共和国的首都。之后，这里一直都是冰岛最大的港口城市，也是工商业的中心。冰岛的大部分国土都是火山和冰原地带，土地贫瘠，所以冰岛人口的 60% 左右都居住在首都雷克雅未克附近。

雷克雅未克虽然接近北极圈，但因为受到北大西洋暖流的影响，气候比较温和。雷克雅未克还是著名的温泉城市，地热资源非常丰富，可以利用起来为市民提供热水和暖气，因此整个城市很少使用煤。因为空气清新、没有煤烟的困扰，这里还得到了一个美称——"无烟城市"。

雷克雅未克有很多博物馆、大学、报社、剧场等文化场所，文化生活非常丰富。雷克雅未克的市中心有一座美丽的人工湖——托宁湖，主要的公共建筑都围湖而建。

雷克雅未克的著名景点还包括市政厅、造型独特的哈尔格林姆斯教堂及冰岛国家博物馆等。

冰岛的露天温泉

阿克雷里教堂

阿克雷里

　　位于冰岛北部的阿克雷里，是除雷克雅未克以外冰岛人口最多的城市，这里也是著名浪漫主义诗人哈尔格里姆松的故乡。阿克雷里是冰岛北部最大的港口和贸易中心，渔业资源丰富。整个城市风景秀丽，安静祥和。

　　阿克雷里教堂建筑风格独特，阿克雷里植物园是世界上离北极圈最近的植物园，它们都是值得一去的地方。

第二篇
与冰岛有关的一切

漫画地球
环游记

冰岛的历史

多民族的国家 ● 约870—930年

挪威人、苏格兰及爱尔兰的凯尔特人在冰岛定居，其中还包括曾经在英国活动的维京人。因为政治斗争而被赶出挪威的人，在冰岛建立了政权，并引入了议会制度。

受到丹麦的统治 ● 1387年

冰岛一直受到挪威和丹麦的共同统治。1387 年，挪威将冰岛的统治权割让给丹麦。1552 年，丹麦国王实行了宗教改革，冰岛在政治上相对比较独立，而从 17 世纪中叶开始，丹麦王室开始强化自己的统治权。

拉基火山爆发 ● 1783年

1783 年，拉基火山爆发，大量熔岩喷涌而出，这次爆发还引发了强烈的地震。火山灰降落在整个冰岛，覆盖了地面，火山喷发释放出的大量硫黄气体妨碍了作物和草木的生长，牧场被破坏，大量牲畜饿死，全岛 1/5 的人口也被活活饿死。

议会被撤销 ● 1800年

在丹麦统治期间，为了强化王权，冰岛议会的职能被持续缩减。1800 年，冰岛议会被完全撤销。一直到 1843 年，丹麦国王克里斯蒂安八世才重新恢复了冰岛议会。

丹麦附属的主权国家 ● 1918年

1874 年，丹麦国王克里斯蒂安八世颁布了宪法，同意冰岛自治。1918 年，冰岛成为丹麦附属的主权国家。

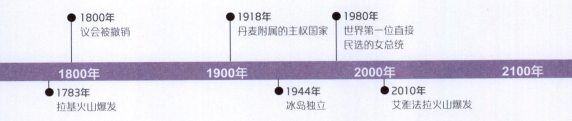

1800年
议会被撤销

1918年
丹麦附属的主权国家

1980年
世界第一位直接
民选的女总统

1800年　　　　1900年　　　　2000年　　　　2100年

1783年
拉基火山爆发

1944年
冰岛独立

2010年
艾雅法拉火山爆发

冰岛独立 ● 1944年

　　第二次世界大战期间，丹麦沦陷。冰岛议会宣布冰岛政府从丹麦国王收回冰岛外交及其他事务的权力。1944 年，冰岛共和国建立。

世界第一位直接民选的女总统 ● 1980年

　　1980 年，维格迪丝·芬博阿多蒂尔当选冰岛第四任总统。她是世界上第一位直接民选产生的女总统，芬博阿多蒂尔还于 1984 年、1988 年、1992 年成功连任。

艾雅法拉火山爆发 ● 2010年

　　位于冰岛南部的艾雅法拉火山于 2010 年 3—4 月接连两次爆发，火山喷发释放出大量的气体、火山灰，对航空运输、气候和人体健康均产生了长期的影响。

艾雅法拉火山爆发

冰岛的名人

塞蒙恩德·弗鲁德 ● 1056—1133年

　　弗鲁德是冰岛最早的历史学家，也是第一个去国外留学的冰岛人。他将《冰岛国王史》翻译成拉丁文。弗鲁德曾经当过神父，致力于传播学问。

史洛里·斯图拉松 ● 约1179—1241年

　　史洛里·斯图拉松既是诗人，也是历史学家，还是一位政治家。在他的作品中，有很多以北欧神话为蓝本的诗歌，最著名的就是《新埃达》。

戈布兰德尔·布尔拉格松 ● 1541—1627年

布尔拉格松是一位大主教，也是数学家。在任职主教期间，他主持翻译了冰岛文的《圣经》，编纂了80多本法典。1590年，他绘制了冰岛的第一幅地图。

永·斯文松 ● 1857—1944年

永·斯文松和丹麦的安徒生一样，也是一位儿童作家。他的大半生都在国外度过，但他的作品却都是取材自幼年在冰岛的生活。斯文松的代表作《诺尼和玛尼》等许多作品都被翻译成了多国语言出版发行。

哈多尔·拉克斯内斯 ● 1902—1998年

拉克斯内斯是冰岛著名的小说家和剧作家，1955年获得诺贝尔文学奖。拉克斯内斯的写作风格平易自然，对于结局会做生动而灵活的处理。代表作包括《独立的人们》《冰岛之钟》等。

哈弗利迪·哈尔格里姆松  ● 1941年—

　　哈尔格里姆松是冰岛著名作曲家，也是一位大提琴演奏家。在大提琴演奏上获得成功之后，他作曲的 *Poemi* 获得国际上的好评。哈尔格里姆松的作品细腻而感性，此外，他还创作了许多与绘画有关的曲目。

埃杜尔·古德约翰森 ● 1978年—

　　古德约翰森是冰岛著名足球运动员，虽然没有参加过世界杯，但曾效力于切尔西、巴塞罗那等豪门球队，被球迷称为"优雅的前锋""绿茵场上的绅士"。

著名的旅游胜地和文化遗产

黄金瀑布（雷克雅末克）

哈尔格林姆斯教堂（雷克雅末克）

117

119

120

与冰岛有关的11件事

黛提瀑布

01 冰岛的国旗与挪威国旗非常相似，只是背景色与十字的颜色是相反的。

02 冰岛的人口密度非常低，平均每平方千米只有3个人。

03 位于冰岛东南部的瓦特纳冰原是欧洲体积最大的冰原。

04 虽然接近北极圈，但冬天冰岛的海水并不会结冻。

05 冰岛的内陆高原上有欧洲落差最大、流量最大的黛提瀑布。

06 冰岛的鱼类和加工水产品的出口量占出口总额的70%。

07 在冰岛，利用地热可以解决大部分的热水和暖气问题。

08 冰岛最高的山是华纳达尔斯赫努克火山，高约 2110 米。

09 位于北纬 64° 的雷克雅未克，是全世界地理位置最靠北的首都。

10 2010 年，冰岛的艾雅法拉火山发生了大爆发。喷出大量的火山灰，对欧洲北部许多国家的航线都造成了影响。

11 冰岛人的文化水平很高，文盲率低于 1%。

冰岛最高的山——华纳达尔斯赫努克火山

125

127